Mereces brillar

Inés Willis

Mereces brillar

De la oscuridad a la luz: mensajes amorosos y compasivos para cada día

DIANA

Diseño de interiores: Beatriz Montoya
Ilustraciones de interiores: Aliana Luz
Coordinación editorial: Marcela Riomalo
Diseño de portada: Planeta Arte & Diseño / Paulina Zaragoza Colin
Ilustración de portada: © Getty Images
Fotografía de la autora: © Melina Ercoli

Bajo el sello editorial DIANA M.R.
Avenida Presidente Masarik núm. 111,
Piso 2, Polanco V Sección, Miguel Hidalgo
C.P. 11560, Ciudad de México
www.planetadelibros.com.mx

Primera edición en formato epub: octubre de 2025
ISBN: 978-607-39-3226-4

Primera edición impresa en México: octubre de 2025
ISBN: 978-607-39-3031-4

Impreso en los talleres de Litográfica Ingramex, S.A. de C.V.
Centeno núm. 162-1, colonia Granjas Esmeralda, Ciudad de México
Impreso y hecho en México – *Printed and made in Mexico*

Gracias

A mi niña interior: poetisa solitaria
dueña de mi poder y de mi herida.

A los que ya no están:
cada duelo, cada pérdida,
abrieron un poco más mi corazón y expandieron mi conciencia.

A los que me acompañan de cerca todos los días:
su amor y su presencia nutren mis palabras y mi vida.

A los que me acompañan de lejos:
amorosos lectores, amigos de tierras lejanas,
maestros y guías.

A mi familia,
a Christian, mi hogar y mi canción compartida.
A Salvador, mi pedacito preferido de Dios en la tierra.
A Júpiter, mi maestro en amor incondicional y compañía.

A los errores y aciertos,
al misterio,
a mi mapa de vida.

Gracias a todas las que fui,
a la que soy
y a la que seré.

Inés

Índice

Introducción

¿Qué pasaría si te dijera
que *brillar* en esta tierra
no tiene que ver con distinguirse o destacar?

¿Qué dirías si te invitara
a un viaje de cuatro paradas,
para que descubras el verdadero arte de *ser?*

¿Qué ocurriría si entendieras
que atreverse a ser luz es un acto heroico,
porque empieza por descender a tu ***oscuridad?***

¿Y qué me contarías si te pidiera
que saquemos de su guarida a la ***sombra***
para que la puedas iluminar?

Quizá entonces, si te atrevieras,
aparecería la ***llama***
curiosa y liviana,
pidiéndote que cuides y nutras su potencial.

Seguramente ya te queda claro:
oscuridad, sombra y llama
son los senderos del alma
para que la última estación se pueda develar:

brillar.

O, en otras palabras:
recordar,
emprender el camino del amor
reconectar con tu divinidad.

Irradiar esa porción de luz que somos, pero que no nos pertenece.
Brillar, compartiendo generosamente nuestro potencial humano y divino, recordando que lo merecemos y que es necesaria la ***luz*** que hemos venido a brindar.

¿Te animas a viajar?

INÉS

Instrucciones de uso

Este libro puede leerse de mil maneras
treparse por tu mente como enredadera
o comenzar donde te dicte el corazón.

Este libro puede leerse de formas diferentes,
no importa si decides que sea del dorso al frente
o caminarlo despacio
de renglón
en renglón.

Este libro puede abrirse en cualquier página,
convertirse en tu oráculo mañanero,
en ese mensaje divino, íntimo y genuino
que te ayuda a conectar con tu sagrado interior.

Este libro es un secreto,
un cofre de mantras, rituales y ejercicios,
un mapa para descubrir tu infinito,
un puente hacia tu expansión.

Este libro puede ser un sueño compartido,
una danza de mil saberes,
o el llamado definitivo a que, por fin,

brillemos las dos.

OSCURIDAD

Vacío * Crisis * Ruptura * Llamado

Para recordar la luz, primero es necesario atravesar la oscuridad. Permitir la caída, soltar el control, perderte para rendirte al misterio que quiere encontrarte. La oscuridad no es el enemigo. Es la pausa que interrumpe lo conocido, el quiebre que, sin saberlo, abre el paso hacia adentro.

La oscuridad es ese espacio al que descendemos en tiempos de crisis: un territorio lleno de vacío, de silencio, de inmensidad. Asusta, *sí*, pero es el portal necesario para llegar a la luz.

Solo en la oscuridad reconocemos lo que realmente brilla.

No estás perdida. Estás por despertar.

Oscurecernos

Tal vez, para elevarnos, primero debamos enraizarnos:
honrar nuestros cimientos,
reconocer que nada florece sin raíz.

Tal vez, para iluminarnos, necesitemos humanizarnos:
abrazar nuestras sombras,
las grietas, las sobras,
la profundidad del miedo que nos anula a vivir.

Tal vez, para brillar, debamos atrevernos a oscurecernos:
descender al fondo de nuestro cielo,
habitar el misterio de la noche,
para que, finalmente,
la luz de nuestra estrella
pueda surgir.

¿Qué necesito extraer de mis profundidades?

Voy a adentrarme profundamente,
a explorar los secretos que guarda mi noche,
el misterio oculto en mi *oscuridad*.

Y luego,
de su repetición y su desgaste,
de su impertinencia y mi rechazo,
tomaré la perla de su sabiduría:
esa constelación que me guiará para no naufragar.

Y solo entonces,
r e g r e s a r.

—Voy a atreverme a transitar la noche oscura del ego sabiendo que solo al descender puedo aprender a volar.

—Voy a atreverme a transitar la noche oscura del ego porque en su silencio se esconde el susurro de mi verdad.

—Voy a atreverme a caminar la noche oscura del ego, *sabiendo que solo enfrentándola podré abrazar mi totalidad.*

En la profundidad

de mi noche,

me transformo.

El trabajo lento de ir hacia adentro

No imaginamos las transformaciones
que nacen del paciente acto de mirar hacia adentro.

Recuerdo mis años de oruga,
el doloroso encierro de la crisálida:
la desesperación,
la tristeza,
la sensación de injusticia,
la rabia contenida.

Recuerdo el miedo a morir,
la constante sensación de mala suerte,
la narrativa solitaria de víctima y desolación.

Pero también recuerdo el llamado al silencio,
el giro sutil del discurso interno,
la conexión con lo sagrado en mi interior.

Hay distancias que se acortan
y caminos que se allanan
cuando nos atrevemos a quedarnos quietos.

Hay pausas que se convierten en refugios,
crisálidas que nos salvan.
Todo cambia cuando nos entregamos al trabajo   l e n t o
de ir hacia adentro.

No hay mariposa que no lo pueda confirmar.

Ejercicio:
Preguntas reflexivas

¿Qué emociones o pensamientos emergen cuando te permites estar en la quietud?

¿Qué aspectos de tu «crisálida» actual sientes que estás resistiendo o abrazando?

¿Cómo se siente la idea de transformación lenta en tu vida?

El dolor no es tóxico

No lo evites, no lo niegues:
el dolor no es tóxico,
es un llamado al diálogo,
es una invitación a escuchar.

Es emoción cruda y sincera,
es verdad que nutre y regenera,
el dolor te desarma por dentro
para que te puedas r e a r m a r.

Es un maestro severo,
pero certero y fiel.
Solo en la oscuridad se revela la luz de tu potencial.

El dolor es la llave que abre la puerta hacia tu despertar.

Llorar

A veces
lloro
porque mis palabras
o pensamientos se enredan
o no encuentran la salida,
como un río que busca el mar.

Lloro
porque mi cuerpo,
entumecido, pide un rescate del molde
que lo aprisiona.

¿Para qué quiero agua estancada en mí?

Entonces lloro,
lloro un mar,
lloro un río,
lloro una tormenta, hasta que el cielo se termine de limpiar.

Y el agua encuentra su cauce,
se abre paso,
arrastra, disuelve,
hasta que mi ser entero se termine de regar.

Hacer de tu dolor, valor

El dolor abre el caparazón
de la falsa idea de individualismo,
de la ilusión de separación.

El dolor rompe egos,
dejando al descubierto el alma,
para que reconozcamos nuestro verdadero valor.

El dolor nos empuja,
nos quiebra,
nos poda,
nos desgarra,

para que, finalmente, recordemos que somos amor.

Que en cada dolor
pueda reconocer
mi verdadero valor.

Soy amor

incluso en la tormenta.

Vibrar alto

No,
no siempre puedo *«vibrar alto»*.
No siempre tengo los colores de un aura limpia
ni me siento digna de miradas y aplausos.

A veces me frustro,
me canso,
me lastimo,
me endurezco.
A veces, incluso,
me convierto en todo lo que rechazo.

A veces no hay meditación que logre balancearme
ni abrazo que pueda confortarme,
no hay palabra que me nombre
ni hay aparentes soluciones o resultados.

Por momentos,
de a ratos,
solo veo oscuridad, confusión, caos.
Y entonces me quiebro,
y me disuelvo en el acto,
para reconocerme una vez más,
tan frágil e imperfecta
como cuando llegué a este plano.

Quizá tenga que dejar de juzgarme, exigirme tanto.
¿Cómo podría conocer mi cielo sin antes conocer mi pantano?

Todo lo que recibí gracias a todo lo que perdí

Hoy agradezco a todos los muertos de mi casa,
a las máscaras caídas,
a los disfraces que dejé atrás,
a los personajes que aprendí a despedir.

Agradezco a los caminos que no se abrieron,
las palabras que no se dijeron,
los peldaños que no subí.

Agradezco los sueños que no florecieron,
las frustraciones, las sacudidas,
los dones que descubrí.

Agradezco cada pérdida
que en su infinita sabiduría
solo me condujo al encuentro más profundo:

cuánto más suelto, más descubro lo real en mí.

Ejercicio:
Carta a una pérdida

En un espacio tranquilo, escribe una carta a algo o alguien que hayas perdido: una persona, un sueño, una etapa o incluso una versión de ti misma. Reconoce cómo esa pérdida te afectó y qué emociones despierta en ti. Reflexiona sobre lo que aprendiste o descubriste gracias a ella, y agradece lo que te dejó, aun si fue a través del dolor. Si lo sientes, despídete desde un lugar de amor y aceptación, y realiza un gesto simbólico como guardar, quemar o enterrar la carta para cerrar el proceso.

¿Para qué?

¿Para qué se rompen los corazones?
Para abrirlos.
¿Para qué se rompen las creencias?
Para desplegar nuevas versiones de la realidad.
¿Para qué se rompen las olas?
Para recordarnos que todos regresamos al mar.
¿Para qué se rompen los sueños?
Para transformarlos en realidad.
¿Para qué se rompe el ego?
Para revelar nuestra verdadera identidad.
¿Para qué se rompe el silencio?
Para sanar lo que la distancia no pudo.
¿Para qué se rompen los miedos?
Para darle espacio al amor.
¿Para qué se rompe la culpa?
Para conocer a Dios.
¿Para qué se rompe una relación?
Para abrir paso a una nueva versión de ti.

¿Cuál es el propósito de cualquier **quiebre**?
Permitir el surgimiento de quien estás destinada a ser.

Hay respuestas que ya has recibido, pero que todavía no has oído

Un curso de Milagros

Ir más allá de los gritos estridentes del ego,
de su coraza,
de su miedo,
ir un poco más   allá.

Más allá de sus sentimientos
y significados,
más allá de su minúscula realidad.

Ir más allá de los gritos exagerados del ego,
de sus palabras
y proyecciones,
de sus promesas que te encarcelan
ir   mucho   más   allá.

Y así encontrarnos
desnudos en el camino
abiertos,
desprendidos,
dispuestos,

a e s c u c h a r.

Permanecer

Quedarme un rato
con la herida abierta,
con el estómago revuelto,
ponerme en mis zapatos,
escuchar mi propia canción.

Quedarme quieta,
con el sentimiento de impotencia,
con la inútil creencia
de que mi mundo se rompió.

Quedarme inerte,
frente a la incertidumbre,
observar el derrumbe,
anular cualquier intervención.

Permanecer conmigo,
acompañando mi destino,
permitiendo cada paso en el camino
sin querer cambiar nada,
sin realizar ninguna acción.

Permanecer conmigo
cuando todo se desploma
es el gran y definitivo acto de amor.

Detenerte es una forma de caminar hacia ti

Cuando no se ponerme un alto
y la pausa se hace urgente,
la vida me ayuda
con su propuesta incómoda
y sagrada:
detenerme,
cambiar el rumbo
y empezar a caminar hacia mí.

Entonces,
ante la ineludible demanda del límite,
me libero de pesos y narrativas,
de lo que ya no soy pero alguna vez fui.

Me detengo y suelto:
a veces, decir «adiós» no es pérdida,
es el sendero que me conduce de vuelta a mí.

Aceptar la pausa
sin apresurar o rellenar el vacío me transforma,
confirmando que, a veces,
despedirse de algo o de alguien es el camino para llegar a ti.

Ritual:

Caminar en conciencia es caminar hacia ti

Levántate y da unos pasos lentos. En cada paso, siente el suelo bajo tus pies, cómo el peso de tu cuerpo se traslada de un pie al otro. Siente cada movimiento, desde el pie hasta la cabeza. Camina despacio, como si cada pisada fuera una declaración de tu existencia en el ahora.

Pregúntate: *¿Qué historias me he contado que ya no reflejan quién soy?*

¿Cómo puedo transformar el vacío en un espacio para escucharme?

¿Qué significa para mí «caminar hacia mí»?

No caminas hacia ningún destino, caminas para habitar el presente, solo caminas hacia ti.

Nuestras crisis están para transformarnos, no para habitarnos

Renuncio a quedarme en el trauma.
Renuncio a la historia limitada que me cuento desde la voz
[del miedo.
Suelto el discurso caduco,
anclado en el ayer
y disuelvo la desilusión.

Renuncio a desvitalizarme con pensamientos destructivos.
Pasan como aves en vuelo,
pero no los dejo anidar en mi mente.
Renuncio a la queja y a su forma corrosiva
de encadenarme a la carencia.
Renuncio a seguir conteniendo los gritos atorados en mi cuerpo.

Renuncio a la culpa que me hace sentir insignificante.
A seguir sacrificándome
por el peso de las expectativas ajenas.

Renuncio a la creencia de que no puedo cambiar mis creencias.
Desprogramo y reprogramo:
no me habita lo que fue,
me habita lo que soy, lo que es, lo que elijo ser.

Renuncio a seguir endureciéndome
como escudo frente al mundo,
a hacerme un ovillo,
a convertirme en trinchera.

Renuncio al ejército de resistencias,
a mirar mi falta de amor, sin amor.
Renuncio a todo lo que no es luz en mí.

Soltar

Voy a soltar,
no porque lo diga el eclipse, Plutón en la casa 4
o Saturno en algún lugar.
Voy a soltar porque mi alma me dijo al oído: «*Llegamos*
[hasta acá».

Voy a soltar,
no para cumplir como riguroso soldado con el diseño de
[mi mapa astral,
sino para seguir trazándolo juntos
en cada paso de nuestro eterno caminar.

Voy a soltar,
porque la jaula quedó chica y es tiempo de volar.
Voy a soltar
porque tengo alas, —siempre las tuve—,
dispuestas a conocer nuevos cielos, listas para convocar.

Voy a soltar
sin resistencias
porque es claro el desafío y la pasión que se despierta
cuando tu alma te dice: «*Llegamos hasta acá*».

Te amo, pajarito enjaulado,
te entiendo,
honro tu miedo,
tu vulnerabilidad.

Te amo, pajarito que vuela,
no puedes ni imaginar
las maravillas que este vuelo te traerá.

Los acontecimientos te aman

No hay nada de lo que está sucediendo
que yo no lo haya elegido.

Ser dueña de mis circunstancias
es mi poder
y fortaleza,
mi refugio,
mi hogar,
mi nido.

Creer que la tensión viene del exterior
es perpetuar
la distancia,
el victimismo
y el olvido.

Todo acontecimiento me ama y solamente está esperando
paciente y pleno
de regreso *mi amor.*

Mantra:

«Los acontecimientos son los maestros,
y el amor es mi guía».

A todo lo que dolió

A los patrones de miedo que me sostuvieron
a los permisos que no me dieron
a las necesidades que no se cubrieron
a los espacios que no se llenaron
a las deudas que nunca se asumieron,
a los que no me cuidaron
a los que nunca vinieron,
a los que, sin explicación, simplemente se fueron.

Decirles, simplemente:
g r a c i a s.

Es un triunfo mirar de frente
los vacíos que dolieron,
las sombras que trajeron
y convertirlos, finalmente, en *ofrendas de amor.*

Ritual:

Convierte tu dolor en una ofrenda de amor

Encuentra un objeto que te inspire paz y ternura, como una piedra, una vela o una flor. Manifiéstalo como un símbolo de amor. Cada vez que lo mires, recuérdate a ti misma que, aunque el dolor estuvo o está presente en tu vida, el amor también lo está.

Esto que estás atravesando también es amor

Para, observa, date cuenta:
hay belleza en la despedida,
en las manchas, las fisuras y en las grietas.

Hay belleza en los errores,
en la pérdida,
en el camino irresuelto,
en los daños, las caídas y los tropiezos.

Hay potencia gestándose en lo irresuelto,
hay semillas plantadas en el desencuentro.

Observa mejor, mira de vuelta.
Hay belleza en la mirada dormida
que, gracias a sumergirse en el dolor,
d e s p i e r t a.

La belleza es ineludible cuando comprendes que esto que estás atravesando también es amor.

Donde no fluye hay una lección

Donde no fluye, hay un alto,
una pausa cargada de propósito,
una llamada a reconectar con nuestro destino,
a cambiar de rumbo o dirección.

Donde no fluye, hay un límite que pide descanso,
una nueva mirada, una nueva
i n t e r p r e t a c i ó n.

Cuando algo no fluye,
podemos elegir centrarnos en el enojo,
en el juicio,
en la dualidad o la decepción.

Pero en realidad, donde algo no fluye,
simplemente hay una
l e c c i ó n.

Mantra:

«Todo lo que no fluye está guiando mi camino hacia algo mejor».

¿Qué pasa si lo peor que te ha pasado resulta ser lo mejor que te ha pasado?

Cuando perder a otro se convierte en la forma de encontrarte.
Cuando enfermarte se vuelve el camino para aprender a amarte.
Cuando el cambio incomoda y te empuja a desplegar lo más profundo de tu alma.

Cuando te pierdes en las curvas y desvíos
y descubres lugares a los que jamás habrías llegado con un mapa.

Cuando el contacto con el piso te devuelve la mirada al cielo.
Tal vez nada se sienta como esperas, pero todo es como necesitas.

Y quizá
solo quizá...

si aceptas el milagro
y cambias la perspectiva,

comprendas que eso que dolió
también trajo inmensos regalos.

A veces la infelicidad es una buena señal

Mi *infelicidad* me incomoda
me sacude y me recuerda
cuántas construcciones hice de mí misma
que hoy bloquean mi visión.

Mi *infelicidad* me cuestiona,
preguntándome cuántos pedazos
deberé dejar caer para encontrarme,
cuántos anhelos he perseguido sin saber adónde voy.

La realidad me dispara
a encontrarme cara a cara
con la posibilidad de descubrir qué hay más allá
del reflejo limitado
de quién creo que soy.

La incomodidad me reclama
a sacudir telarañas,
a cambiar mi mirada,
a aprender a ver con el corazón.

La infelicidad no es castigo,
es señal de que no estoy viendo mi vida con los ojos del
[amor.

Renuncio a la necesidad de saberlo todo

Renuncio a la necesidad de saberlo todo,
a saber lo que me conviene,
lo que te conviene,
lo que supuestamente debo callar o decir.

Renuncio a mi verdad fragmentada,
al deseo que no viene del alma,
al camino de las ilusiones,
a los libros que he leído y su necesidad de presumir.

Renuncio a tener todas las respuestas,
a querer explicarlo todo,
a convertirme en sabelotodo,
y perder la oportunidad de aprender de ti.

La verdad solo se manifiesta cuando te rindes y te
[entregas al misterio de vivir.

¿Qué es la inteligencia?

Aprender a dudar.

Renuncio a todo lo que
creo saber y me entrego
al misterio de vivir.

La ermitaña

Voy a dejar que el aislamiento me lleve bien adentro,
y en un solo movimiento,
despliegue el camino hacia mi interior.

Voy a dejar que el silencio me envuelva lento,
encendiendo una pequeña vela
para conectar con mi sabio explorador.

Voy a entregarme a la crisis del ego,
reconociéndome como un instrumento
que, aunque quiera ser único y experto,
es solo un eco dentro de este inmenso engranaje de amor.

Voy a navegar las aguas del inconsciente,
para entender que la muerte no existe,
abrazando la creencia de que todo es vida en constante
[y perfecta renovación.

Voy a retirarme para *desdramatizarme,*
habitándome en esta crisálida,
densa y árida,
con su suspenso regenerador.

Voy a ser *la ermitaña* por un rato,
la que me está pidiendo este momento,
pero, sobre todo,
la que me conduce a mi camino de evolución.

Que todo mi dolor me transforme en más amor

Que el victimismo se aburra de mí,
que la queja me deje hablando sola,
que se retiren las palabras de desaliento
y naufraguen las ideas de soledad o desolación.

Que se escurra el delirio de división y sufrimiento,
que la herida deje de repetir su cantaleta,
que el dolor sea la fuente
que me conduzca de regreso al amor.

Que genere unión y nos iguale,
que disuelva la soberbia y nos conecte,
que el corazón roto me recuerde
que todo quiebre también trae expansión.

Que toda situación difícil me guíe
a reconocer verdad y belleza en todas las estaciones,
que cada herida se convierta en un regalo de fortaleza,
en un abrazo de templanza y transformación.

Y aunque me hagas mucha falta hoy y siempre
pueda convertir esta pérdida
en una nueva, inmensa y profunda forma de amor.

El camino no cansa

El camino no cansa,
cansa tu necesidad de controlar,
de prever los altos y las curvas,
tu resistencia a aceptar el sendero que elegiste transitar.

El camino no cansa
cansa la carga del pasado que ya no existe,
las exigencias del ego,
los dogmas personales que mañana caducarán.

El camino no cansa,
cansa sofocarte de ideas atemorizantes,
tu repertorio de horrores,
las catástrofes que crees que sucederán.

El camino no cansa,
el camino solo propone que aprendas a caminar.
El camino no cansa,
te invita a gozar del paisaje
mientras *te descubres* en cada rinconcito al andar.

Ejercicio:
Convierte tu día a día en arte

Convierte tu día a día en una ceremonia llena de sentido. Por ejemplo, enciende una vela antes de leer, escribe todos los días un ratito o, simplemente, prepara el café de la mañana con intención.

No existen los problemas existen los procesos

Tal vez no estemos llenos de problemas,
sino de *procesos,*
cargados de sufrimiento discursivo.

Tal vez no estemos atestados de complicaciones,
sino que hemos decidido defender
a capa y espada,
nuestra resistencia, la falta de aceptación.

Quizá eso que consideras un problema
sea, en realidad, una invitación
a cambiar tu punto de vista,
y a sumergirte en lo más profundo de tu interior.

Tal vez lo único que te está pidiendo la vida
es empezar a ver el camino
como una continuación de procesos,
que avanzan con fe y confianza
hacia el plan divino trazado por tu yo superior.

Cuando hay un límite también hay un descanso

Quién te dice,
y tal vez,
ese límite que tanto te irrita,
ese freno de mano,
esa pausa,
es un regalo,
una bendición.

Quién te dice,
y en una de esas,
esa curva inesperada,
ese revés,
esa noticia incómoda,
abre el momento perfecto
para respirar hondo
y empezar a crear una realidad mejor.

¿Y si la vida te está invitando a *hacer menos,*
a provocar el movimiento en otros,
a reposar,
a pausar,
a volver la mirada hacia tu interior?

Quién te dice,
y tal vez,
tu mirada equivocada
no te deja escuchar la llamada
al descanso:
abrazo del autoamor.

Mantra:

«La pausa es un regalo para mi alma.
Cuando hago menos, la vida me ofrece más.
Hacer menos me permite ser más».

Para conocerse hay que romperse

Cuando la caída se avecina,
sabes que algún hueso se romperá.
Sientes la tierra temblar bajo tus pies
amenazando lo construido.
Lo que tenía solidez se mantiene en pie;
lo que no,
se desploma
y te desploma,
descubriendo entre las cenizas
que *sobrevivió lo esencial.*

Cuando la caída llega,
algo siempre se rompe:
se rompen moldes,
se rompen clósets,
se rompen etiquetas,
estallan como volcanes y gritan:
¡Libertad!
¡Esto soy,
estoy y soy!
Sin vergüenza,
sin culpa,
sin temor.

Para conocerse hay que romperse: en cada derrumbe
[descubro un poco más quién soy.

Amarme mientras duele

Se está despertando una nueva forma de ser
y duele.
Duele dejar atrás lo que antes me definía,
me duele perder los privilegios de ser quien creía.

Se está despertando una nueva versión de mí
y duele.
Voy quedándome desnuda, vulnerable,
sin las capas que antes me cubrían.

¿Qué me define si no es ese viejo cascarón?
¿quién soy mientras no soy lo que pensaba?
¿quién soy mientras mi visión cambia
y dejo de ver lo que antes veía?

Se está despertando una nueva forma de ser
y tal vez lo único que deba hacer
sea permitir que ocurra la transformación
y simplemente amarme mientras duele.

Ejercicio:
Estoy aquí para mí

Mírate al espejo, di en voz alta afirmaciones que refuercen tu amor y aceptación.

Por ejemplo:

«Me elijo cada día, estoy aquí para mí»,

«Me amo mientras duele»,

«Me abrazo a mí misma con amor en este preciso momento».

También puedes crear una que tenga sentido para ti.

Crear una vida valiosa aun en presencia del dolor

No.
No voy a anular mi dolor
para cumplir con el mandato obsesivo de ser feliz,
con la doctrina del positivismo tóxico,
sus batallas incesantes y su capacidad de culpar.

No.
Decidí que tendré un momento
para extrañar los cafés con mi papá,
las calles de México,
los almuerzos en lo de mi abuela
y la salud que *tal vez* nunca regresará.

Me daré la posibilidad de entender
que algunas cosas no salen como quiero,
que la frustración es una pieza del tablero,
y que la meta solamente es transitar.

No.
No voy a desperdiciar la riqueza de la herida
ni el poder transformador del duelo, que me recuerda que desde la rotura y lo ausente se inicia siempre la conexión con el más allá.

No.
No estoy aislada,
ni soy insignificante;

no estoy deprimida,
ni soy desmotivante.

*Soy una persona que aprendió a crear una vida valiosa
aun en la presencia del dolor.*

Del caos nacen las estrellas

Tengo una identidad eclipsada,
la del ego,
la fabricada
la que vengo sosteniendo desde hace tanto tiempo atrás.

Tengo una identidad colapsada,
junto con sus ideas desoladas,
queriendo soltar los personajes que me definían,
y que ya no me definen más.

Tengo una identidad derrotada,
una luna desbordada,
un sol en conflicto,
un stellium en oscuridad.

Y ante lo inevitable,
solo puedo ser paciente y observar.
No será el primer derrumbe
ni será el último principio ni final.

Despediré sin resistencias esa identidad que quiere ser olvidada,
para dar lugar al espacio fértil donde mi nueva versión se quiere manifestar.

Ritual:

Me despido de una versión de mí

Crea un espacio de silencio y apaga cualquier distracción. Cierra los ojos y sumérgete en tu quietud interior. Desde ese lugar, conecta con lo que realmente sientes y agradece las lecciones de la identidad que estás dejando atrás. Visualiza cómo esa versión se despide con amor, dejando un espacio vacío que comienza a llenarse suavemente con tu nueva esencia.

Finaliza con un suspiro profundo, como símbolo de apertura a esta nueva etapa.

SOMBRA

Miedo ✱ Rechazo ✱ Transformación ✱ Liberación

La oscuridad te quebró. Pero ahora, algo se muestra. La sombra no es lo que eres, sino lo que aprendiste a ocultar para sentirte amada. Aquello que negaste por miedo —el juicio, la culpa, la vergüenza— ahora pide ser mirado con amor. No para cargarlo, ni para justificarlo, sino para liberarte de la ilusión de que eso podía apagar tu luz.

La sombra no es ausencia de luz, es su obstrucción. Y brillar no es solo mostrar lo luminoso, es aprender a mirar con ternura lo que antes mirabas con miedo. Encontrar en lo que temías, tu sabiduría.

El verdadero camino no consiste en adornarnos con cosas que nos hagan brillar, ***sino en deshacer suavemente todo lo que nos ha impedido hacerlo.***

Dime cuánto asumes tus sombras y te diré cuánto vas a brillar

No me vendas espejismos de colores,
mejor cuéntame tus dolores;
porque solo desde ahí podemos de verdad conectar.

No me detalles tus maravillas
sin antes haber desplegado tu sombra,
pues solo lo que se reconoce y se nombra
es capaz de realmente encontrarnos, y sanar.

No me digas lo que quiero oír
mientras te escondes bajo la alfombra
eso que tanto niegas,
también merece salir a pasear.

Asume tu sombra,
déjala respirar,
porque al abrazarla juntos,
la luz no podrá evitar brillar.

Ritual:
Encuentro con tu sombra

Escribe todo aquello que consideras tu *«sombra»*: emociones, pensamientos o aspectos de ti que sueles rechazar. Frente a un espejo, léelos en voz alta y, con cada frase, añade: *«Te reconozco, te acepto, eres parte de mí»*. Cuando termines, quema o rompe la hoja como símbolo de aceptación, y repite: *«Mis sombras son los senderos que me guían hacia mi luz»*.

Ámate aun cuando te desconozcas

Ámate cuando te golpee la vergüenza,
cuando te estanques en el «*hubiera*»,
cuando te pese la culpa.
Á m a t e
cuando no encuentres ni un rastro de la que eras.

Ámate para reencontrarte,
para sacudirte las tristezas,
para deshacerte de ese viejo cuento
que dice que ya no vales la pena.

Ámate para recordarte,
que aunque la sombra también es parte,
es más grande la luz que cada tropiezo intenta despertar
en ti.

Ámate sin reducirte
que tu **ser** es i n m e n s o
tan vasto como el cielo que siempre está ahí.

Que desconocerte solo sea el camino
para reconocerte como algo mucho más grande
que una mala decisión.

Decirle *sí* a la culpa
es decirle *no*
a la vida.

Ámate,

incluso cuando
no sepas cómo
hacerlo.

Decir sí a nuestra vida imperfecta y desordenada

Decir sí a nuestra vida imperfecta y desordenada.
Decir sí a las fases incómodas, a los intermedios,
a las pausas necesarias.
Decir sí a las crisis y a los cambios, a las mudanzas de piel
o de casa, a los miedos ocultos, a los fantasmas,
a la sombra y a los monstruos debajo de la cama.
Decir sí a las relaciones que duelen, a las que todavía no se
entienden o sanan, a los momentos de caos, de vacío,
a la falta de foco, a nuestro destino y karma.
Decir sí a nuestro ritmo, a nuestra música interna, a las
curvas y giros, al misterioso despliegue de nuestro mapa.
Decir sí a la vida,
cargada de delirio y misterio,
sin prejuicios,
sin «deberías»,
confiando, siempre,
en los designios del alma.

Lujo es reírse del miedo

Lujo es reírse del miedo,
verlo como un capricho del ego,
despojarlo de su trono,
recordar que todo es un juego
y que aquello que parece gobernarte,
en realidad, nunca lo hará.

Lujo es burlarse de los pensamientos temerosos
disolver sus sombras y sus antojos,
sabiendo que Dios camina contigo,
donde quiera que vas.

—El miedo solo existe para recordarnos que no existe.

Consejo

¿A quién recurres en busca de consejo?
¿Al miedo,
a la distancia,
al laberinto de tu pensamiento complejo?

¿A quién recurres en busca de consejo?
¿Al perfeccionismo extremo,
a la sombra de la comparación,
al «debo» o «deberías»,
al juicio demandante?

¿A quién recurres en busca de consejo?
¿Al amor
y su infinita paciencia,
al perdón
que no conoce culpables?

¿A quién recurres en busca de consejo?
¿A la ternura,
a la magia,
al presente,
al gran misterio, al silencio?

La calidad de tu viaje de vida se teje según la voz que elijas [escuchar.

Que no se note

Que no se note que envejezco,
que fui madre,
que no se noten las entradas,
el cansancio, el desgaste.

Que no se note que soy primeriza,
que soy debutante,
que no se note lo que siento,
ni que no he dejado de extrañarte.

Que no se note que me gustas,
mucho menos cuanto me asusta.
Que no se me note lo vulnerable
lo permisiva, lo permeable.

Que no se note que estoy frustrada,
algo perdida y desorientada,
que no se me note lo divorciada
lo rota,
lo inadecuada.

En este mundo cobarde de apariencias y simulacros
donde hay que pedir permiso para los kilos y los daños,
anhelo ese refugio sincero:
donde la imperfección sea bienvenida y los cambios sean
[celebrados.

Querido futuro:

Me rindo.
Ya no intentaré atraparte, controlarte,
o forzarte a ser lo que creí.

Te libero del pasado,
que te convierte en un sabelotodo de lo vacío,
coronando al miedo como el amo de lo que fue y lo que
está por venir.

Querido futuro,
me duele ignorarte,
aunque sé que eres solo un invento,
un cuento sin fin que repite lo ya visto,
nublando la visión de lo que aún no vi.

Te sigo eligiendo,
pero de otra manera,
porque solo en el eterno presente me puedo descubrir.

Quiero que sepas que cuando elijo el momento presente,
no me olvido de ti:
estoy aprendiendo a abrazar el tiempo en su totalidad
sin principio ni fin.

Solo hacía falta amar para transformar

Amar la inconsistencia, el error, la demanda.
Amar el desgaste, la grieta, la falla.
Amar la pérdida, el desgarro, la batalla.

Allí,
dónde todo es confusión,
donde cada acción parece vacía,
donde se esconden tormentas y sombras silenciadas.

Allí, donde anhelamos cambiar nuestra realidad,
donde la lucha interior se hace insoportable,
donde el mundo refleja el laberinto de nuestra propia
[maraña.

En ese caos,
en esa búsqueda de sentido,
solo hacía falta una cosa:
el poder transformador de nuestro amor.

Mantra:

«Lo que toco con amor, florece».

Ya no seré yo

La ola siempre se rompe
en el momento perfecto
aunque queramos creer que no.
En su movimiento incontrolable
quizá termina herida o hiriendo,
quizá termina siendo
eso que siempre temió.

La ola se rompe en pedazos sin permiso.
La ola teme morir, pero el mar no.

Sabe que desaparecerá, pero no se resiste a ir en esa dirección.
En su disolución, emprende un nuevo viaje,
diciéndose alegremente:
¡Ya no seré yo, ya no seré yo!

La ola se rompe porque comprende que nada es para
[siempre,
confía en su permanente ondulación,
sabe que aunque ella se desvanezca
otras vendrán,
naciendo gracias al viento,
pero con una historia que empieza en el sol.

La ola se rompe,
y, a pesar del trauma,
del impacto y sacudida,
se retira como una caricia,
dejándonos clara la promesa de que hay belleza en la
[transformación.

Adictos

Somos adictos
al movimiento constante, a correr,
a las conversaciones simultáneas,
al éxito efímero que el *multitasking* nos quiere prometer.

Somos adictos
a mutilarnos para ser amados,
a enojarnos con el paso de los años,
a pedir permiso para, simplemente, **s e r.**

Somos adictos
al drama cotidiano,
a conversaciones que nos quitan las ganas,
a castigarnos por lo que no fue.

Somos adictos
a consumir apariencias y fachadas
olvidando que la vida
habita del otro lado de las mentiras que elegimos creer.

Heridas que no sanan

Tal vez tenga que aceptar
que hay heridas que no sanan,
y no por eso se enquistan o sangran,
simplemente se entregan al mundo
como ofrendas sagradas.

Quizá haya que entender que hay heridas
que al permanecer abiertas
se convierten en regalos
así
en carne viva,
dones profundos del alma.

Tal vez no esté mal
que haya heridas que no cierran,
esas que nos invitan a estar abiertos
a la espera de su sentido, su propósito o su llamada.

Hay heridas que no cicatrizan,
hay heridas que no cierran,
heridas que son puente,
heridas que nos desnudan, que nos quitan las máscaras.

Hay heridas que son portales al misterio,
al talento,
al compromiso,
a la convocatoria;
heridas que no quieren ser reparadas.
Hay heridas que no sanan para que las de otros puedan [sanar.

¿Qué es sanar?

Amar todo aquello
que no puede
cicatrizar.

Mi sombra: el síntoma

Querido síntoma:

No, ya no voy a enojarme contigo, aunque hayas
[interrumpido el curso de mi vida.

No, ya no me enojaré porque reclamas mi mirada y exiges
mi atención.
No quiero eliminarte y erradicarte.
Quiero entenderte,
Quiero encontrarte.
Tu presencia no es una molestia
tu presencia es amor.

Ya no te miro con odio.
Hoy comprendo tu grandeza y dignidad;
entiendo que eres un maestro disfrazado,
un aliado que, con crudeza, me invita a la introspección.

Querido síntoma,
gracias por hablar más fuerte que las palabras,
por revelarme lo que está oculto en mi interior.
Gracias por recordarme que necesito restaurar la armonía,
ya no eres el enemigo,
eres un mensajero de sanación.

Gracias,
por todo todo lo que descubro de mí a través de ti.

La sombra de la sobreexigencia

Entonces me di cuenta:
mi obsesión por sanar
me estaba enfermando.

Las 500 terapias,
los 200 detox,
las 900 meditaciones...

De nuevo se asomaba el exceso, la exigencia, la demanda y la inmediatez.
De nuevo.

Entonces me pregunté:

¿Qué tipo de curandera quiero ser para mí?
¿Qué sanadora quiero ser para mi enfermedad? ¿La dura, rígida, extrema? ¿O la amorosa, paciente que da espacio a la transformación?
¿Cómo quiero que sea mi camino de sanación? ¿Uno de autoexplotación o de compasión?

Y entendí que cuidarme es otra cosa.
No es presión ni insistencia.

Cuidarme es sostenerme suavemente mientras permito que mi cuerpo haga lo que siempre ha sabido hacer.

No estás pensando, estás escuchando

No estás pensando,
estás escuchando:
los miedos enquistados,
las creencias heredadas y antiguas,
los viejos y gastados legados,
las voces que vienen de otras vidas.

No estás pensando,
estás escuchando:
las tendencias que dicta la moda,
los mandatos y enunciados añejos,
los relatos de quienes ganaron
la doctrina que a otros conviene y acomoda.

No estás pensando,
estás escuchando:
el eco del dolor de tu historia,
el dictamen de lo prohibido
el cuento caduco,
la sentencia de una autoridad vacía.

Años de información doliente recorriendo mis esquinas...
ahora sé que no era yo la que pensaba;
esas verdades nunca fueron mías.

Desaprender para aprender
a escuchar mis melodías.
Desaprender para aprender
a cantar mi propia canción.

Ejercicio:
Verdades prestadas

Toma una hoja y escribe como título: *«Estas no son mis voces».*

Recuerda frases que te hayan marcado o limitado y anota por menos cinco.

Léelas en voz alta y, tras cada una, repite mentalmente: *«Esta verdad no es mía».* Táchalas una por una, y remplázalas por verdades que sean tuyas. Guárdalas como recordatorio de tu propia voz.

Equivocarme es una invitación a humanizarme

Equivocarme es una invitación a humanizarme,
a mirarme de frente,
a desidealizarme
a reconocer que nadie está exento del error.

Del otro lado de mis equivocaciones
me espera una nueva sabiduría;
una nueva destreza,
que se despliega más allá del fallo y la confusión.

Voy a reconocer mi inocencia en cada paso,
sabiendo que, en ese momento,
no podía hacerlo mejor.

Dejaré de ver errores
para aprender a ver heridas.
Abrazaré el desacierto,
la infracción y el fallo,
que, en su crudeza, me invitaron a convertirme

en alguien

un poquito...

mejor.

Que donde haya miedo ponga yo amor

Que cuando llegue el miedo,
azotando con su incertidumbre,
y su espesor se instale
a dar cátedra...

Que cuando mi cuerpo tiemble
en su frágil mansedumbre,
y comience a relatar
historias de terror...

Que cuando el temor se asiente,
como único camino posible,
haciendo huecos,
quebrando lo conocido, lo anterior...

Que cuando parezca que el miedo
está ganando la batalla
pueda ofrecer, y ofrecerme:

un abrazo que disuelva,
una caricia que reinicie,
un gesto que atraviese,

y regresarle el poder al verdadero soberano:

al rey de las posibilidades,
a lo único real e infinito:
al amor.

Deseo, que donde haya miedo siempre pueda poner amor.

Suelto la obsesión por tomar la decisión correcta

La decisión correcta
me persigue,
respira en mi nuca,
como si en algún lugar lejano
hubiera algo más cierto y más perfecto para mí.

La decisión correcta
me empuja a la indecisión,
abre huecos en el presente,
invoca al pasado
y me invita, siempre,
a la misma reunión.

La decisión correcta
me orilla a no tomar ninguna decisión.
¿Y si no es suficientemente acertada?
¿Y si no me lleva a mi mejor versión?

Quizá permita que algunas posibilidades
se escurran entre mis manos.
Me daré permiso para no elegir siempre
la mejor opción.

Algo me dice que la decisión correcta para mi despertar
de conciencia es siempre en la que estoy.
El camino cambiará cuando cambie mi interior.
¡Qué alivio!
Ya tomé mi decisión.

Ritual:

Escribe desde tu verdad

Toma una hoja y reflexiona sobre una decisión que te preocupe. Escribe dos columnas: en la primera, anota lo que sientes que *«deberías»* decidir según expectativas externas o sociales; en la segunda, lo que realmente quieres desde tu intuición y tu verdad. Observa cómo te hace sentir cada opción y cierra escribiendo una afirmación como: *«Confío en que cada decisión que tomo es parte de mi camino»*.

Me inspira tu humanidad

Me inspiran tus caídas y desgarros,
las heridas abiertas que intentas cicatrizar.
Me inspiran tus errores y tropiezos,
las malas decisiones que susurran
h u m a n i d a d.

Me inspira tu desnudez,
esa que no necesita demostrar nada
y se asoma frágil y vulnerable a c o n e c t a r.

Contradicción

Hablamos de *paz* y salimos vestidos para la guerra.
Hablamos de *amor* y pocos se sienten dignos de merecerlo.
Hablamos de *bondad* y nos alimentamos de nuestra
[raquítica malicia.
Hablamos de *compartir* y nuestras acciones afianzan
[nuestro afán competitivo.
Hablamos de *perdón* y desparramamos humillaciones
[y condenas.

Hablamos de *Dios* como si fuera algo ajeno.
Dios, que es la unidad, presencia y totalidad.

Ese Dios que te espera pacientemente,
porque, como dice *Un curso de milagros*,
«*Él* también está incompleto, *sin ti*».

Me perdono

¿Podría llamar sagradas a esas partes que rechazo de mí?
¿Podría acoger a mis fantasmas con el amor que piden y darles el descanso que merecen?
¿Podría recortar la totalidad y grandeza de mi ser pensando que soy solo un momento o una acción?

Me perdono,
para disolver el veneno de la culpa y la vergüenza,
reconociendo que en cada error,
en cada desacierto,
en cada desconexión,
solo había en mí
una profunda necesidad de amor.

Ejercicio:
Carta a ti misma

En una hoja de papel, escribe una carta a ti misma expresando tus arrepentimientos. Sé honesta y abierta sobre los errores y situaciones por las que te responsabilizas. Lee la carta en voz alta como si se la leyeras a tu mejor amiga, y permítete ver la situación con una mirada más compasiva. Después, quema la carta y repite «M*e perdono por mis errores y me abrazo con amor. Merezco ser perdonada*».

Tu verdad tomando forma

Perderte no te aleja del camino
te muestra el que no veías.

La pausa no te aleja de avanzar,
te devuelve a tu propio ritmo.

La confusión no te aleja del sentido,
te acerca a preguntas más honestas.

El cambio no te aleja de ti,
te acerca a una versión que no conocías.

Soltar no te aleja de lo vivido,
te acerca a honrarlo con libertad.

Ir lento no te aleja del destino,
te alinea con tu verdadero camino.

El bloqueo no te aleja de crear,
te acerca a lo que quiere nacer distinto.

El invierno no te aleja de florecer,

te prepara para un renacer secreto.

A veces, lo que parece desvío
es dirección.
Y lo que parece pausa
es tu verdad tomando forma.

Todo junto y al mismo tiempo

Agradecida y estresada,
emocionalmente libre y estancada.
Tirante y d e s c o n t r a c t u r a d a
sumergida en mi mundo
y amorosamente servicial.

Tan perdida como encontrada,
detenida a la vuelta de la esquina
y, al mismo tiempo,
alegre y satisfecha
a punto de llegar.

Sentada en el abismo de mis miedos,
corriendo tras mis sueños.
Carente de sentido y rebosante de respuestas,
llena de fortaleza e inmensa vulnerabilidad.

Quizá la vida sea eso:
vivir todo junto y al mismo tiempo.
O tal vez, solo momentos
en los que nos sentimos un poco aquí
y un poco allá.

Probablemente,
lo único que podamos hacer en esta multiplicidad
sea soltar el juicio
y, a todo lo que llega,
s e n c i l l a m e n t e
dejarlo entrar.

«Nací cuando pude amar todo lo que antes temía»

RABIA

¿Quién sería yo
sin el peso de todas las vergüenzas que llevo dentro?
¿Quién sería
sin mi silenciosa mirada punitiva,
sin la culpa por eso que no cuento?
¿Quién sería?

¿Quién sería
si pudiera escapar de los laberintos
tejidos en el error,
si pudiera despedirme del horror,
de la distancia entre lo que crees que soy
y lo que, en verdad, siento?

¿Quién sería si me animara a mirarme,
abrazando suavemente mis heridas?
¿Quién sería?
¿Quién sería si pudiera renacer, abrazando todo lo que antes escondía, si por fin me animara a amar lo que antes temía?

Mantra:

«Mi miedo es solo una invitación a amarme más profundamente».

La sombra en el encuentro

Querida pareja:
No voy a culparte por lo que descubro de mi a través de ti.

Hoy vengo a hacerme cargo
de que no eres el culpable, ni el enemigo,
de que estás aquí para que pueda aprender de mí.

Vengo con valentía a responsabilizarme
de que no me hiciste daño,
sino que me lo hice a través de ti.
Entiendo que eres inocente
como yo también lo fui.

Acepto
que sigas aquí,
mirándome de frente,
enseñándome a ver
esa historia que tanto duele,
esa narrativa que aún vive en mí.

Te abrazo y te honro,
querido maestro,
el tiempo perfecto que estés aquí.

Gracias por mostrarme
que no hay nada fuera de mí.

No,
ya no voy a culparte por todo lo que descubro de mí a
[través de ti.

Defendernos de la culpa, juzgándonos

¿Cuántos juicios necesito
para dejar de sentirme culpable?
¿Cuántos pensamientos de ataque, cuánta presión?
¿Cuánto dolor será necesario para disolver la falla?
¿Cuándo podré sentirme *por fin*
merecedora de perdón?

Mientras siga culpándome,
me seguiré separando;
y mientras me siga separando,
¿cómo podré reconocer quién realmente soy?

La culpa nos envenena,
el juicio nos encadena.
Solo perdonándonos, podremos regresar al amor.

Nuestras heridas nos enseñan como ser humanos

Quien se ha equivocado aprende a *no juzgar.*
Quien ha lastimado aprende a *perdonar*
Quien ha perdido aprende a *valorar.*
Quien ha enfermado aprende a *cuidar.*
Y quien no ha sido amado
tiene la gran oportunidad de *aprender a amar.*

Nuestras heridas nos enseñan a ser humanos.
Nos dan profundidad, compasión y humildad.

Ritual:

Visualización de las heridas como maestras

Cierra los ojos y visualiza tus heridas como pequeñas luces tenues en diferentes lugares de tu cuerpo. Cada luz representa una experiencia dolorosa que, en su momento, trajo un aprendizaje. Al observarlas, di en voz alta: *«Gracias por lo que fuiste en mi vida. Hoy avanzo con amor, llevando solo la sabiduría que me dejaste»*. Permite que esas luces se transformen en energía que te envuelve, recordándote que las heridas son maestras que iluminaron tu camino.

Atte. El cambio

No tengas miedo, créeme,
aunque ahora no lo veas, yo no soy el enemigo.
No tengas miedo, aunque se sienta como caída libre,
solo estoy invitándote a volar.

¿Crees que de otra manera te habrías movido?
Te conozco,
y conozco tu afán por la comodidad.

Lo que te espera es lo que eres.
Lo que se fue ya no tenía que estar.

Confía, yo no soy el enemigo.
El enemigo es la quietud convertida en estancamiento,
la falsa idea de seguridad que has construido y elegido
[transitar.

Te aseguro que mi presencia es un regalo.
Yo soy el nacimiento, lo que viene, el recuerdo de que
estás viva, el espacio inexplorado que necesitas explorar.

Te haré mejor, moldearé tus esquinas y te empujaré a
[profundizar
en tu esencia, en tu capacidad.
Yo soy tu compañía, soy quien ha estado y siempre estará.
Te prometo que, aunque no parezca, o no lo creas,
todo cambio está protegido y guiado por tu divinidad.

Las partes desafiantes de ti están ahí por una sola razón: ámalas

Decirme que sí,
darme el permiso
reconocer quien soy,
sin miedo al realismo.

Decirme que si,
como vengo, como estoy,
sin perderme en el descuido o el error
de enaltecer el individualismo.

Aceptar el desafío del amor,
sin edulcorante,
ni romanticismo,
poder verme tal cual soy
reconociendo que, en realidad,
todos somos lo mismo.

No has venido a cambiar quien eres, has venido a amarte.
Amarte te ayudará a recordar, y desde ahí, *cambiarás.*

El mundo necesita de tus desacuerdos y confusión

Gracias
por confundirte,
perderte y desorientarte.
Gracias por darle espacio a la s e n s a c i ó n.

Gracias
por seguir creyendo en el cambio,
por mirar ambiciosamente la nebulosa
entendiendo que lo que ayer veías,
hoy
ya no.

Gracias por atreverte
a pensar diferente,
a estar en desacuerdo contigo,
a cuestionar lo que pasó.

Gracias,
porque cuando tu seguridad nos cubre de certezas,
tu confusión nos despierta a una nueva visión.

Aunque no lo creas,
el mundo necesita de tus desacuerdos, de tus naufragios
y de tu confusión.

Gracias,
por el maestro desencuentro que siempre está gestando el
encuentro con tu sagrado interior.

¿?

A veces, el mundo necesita tus preguntas,

no tus respuestas.

Hay una nueva versión de ti ansiosa por verte llegar

Ese momento en que la puerta de atrás se cierra
y la puerta de enfrente *aún permanece cerrada*
dejándote en un pasillo oscuro, inmóvil.
Ese momento en que no entiendes si deberías avanzar
o intentar volver a abrir la puerta que ya se cerró detrás.

En el silencio y la ceguera,
te invade lo incierto, el pasado, lo que vendrá,
lo que pudiste haber hecho para evitar que la puerta se cierre,
lo que deberías haber dicho para no ser arrasada
por este final.

Tu vida se convierte en un paréntesis,
en un traslado,
saliste de una estación, pero no has llegado a otra,
sigues en la negrura de lo incierto,
pero muerta de miedo,
decides avanzar.

Te vas abriendo paso a tientas,
reconociendo *poco a poco* el espacio,
ya no le temes tanto a la oscuridad;
tus ojos se acostumbraron a su sombra
abriendo los ojos del alma,
invitándote a confiar.

¿Lo ves?
Allá adelante comienza a asomar la luz.
Has vivido un viaje de transformación personal,
hay una nueva versión de ti, ansiosa por verte llegar.

Ritual
de la llama interior

Enciende una vela que represente tu energía interior. Siéntate en silencio, cierra los ojos y lleva la mano al corazón. Respira profundamente, sintiendo cómo el aire nutre tu ser. Visualiza esa llama dentro de ti creciendo y expandiéndose, iluminando tu cuerpo. Observa cómo disuelve el miedo y la incertidumbre. Imagina esa nueva versión de ti, radiante y segura, avanzando hacia la luz que ya se asoma al final del camino. Di en voz alta *«Confío en mi poder para avanzar; la luz siempre encuentra su camino»*. Mantén la vela encendida unos minutos más mientras sientes la fuerza de tu transformación y celebras cada paso hacia tu nueva versión

LLAMA

Inicio * Nutrición * Cuidado * Paciencia

Después del descenso y la reconciliación con tu sombra, algo en ti vuelve a encenderse. No es un fuego arrollador. Es una llama pequeña, temblorosa, que no necesita permiso, solo espacio. En esta parte del viaje, no se trata de hacer, sino de permitir. Recordar quién eres requiere ternura, no urgencia. *La llama es el primer destello de luz interior:* una chispa que anuncia tu esencia y pide cuidado, presencia y paciencia.

Aquí no estás encendiendo nada nuevo, solo reconociendo la memoria encendida de quien estás llamada a ser. Es el momento de cultivar tu verdad sin forzarla, sabiendo que la belleza necesita tiempo para desplegarse.

Esta llama aviva tus dones, tus talentos, tu vibración más viva. No grita. No exige. Solo recuerda, en voz baja, que has venido a este mundo a brillar.

El potencial duele

Un potrillo nace,
sabe que está destinado a caminar.
Lo intenta con torpeza, con inseguridad,
le duele,
estirarse duele, duele moverse de lugar.

Mientras el útero se expande, haciéndole espacio a un bebé,
duele,
el retortijón se siente,
se está materializando el potencial.

Salir de donde estoy,
entrar en un nuevo lugar,
duele,
tantas circunstancias despedidas
tantas otras desconocidas por descubrir e interiorizar.

El potencial duele,
y aunque me llene de dudas y miedos,
me entrego a su misterio cargado de creatividad.
El potrillo salió galopando, el bebé encontró su lugar.

A veces, solo hace falta atravesar la incomodidad para descubrir nuestro verdadero potencial.

Encontrarme conmigo en donde estoy y no en donde quiero estar

No sé si quiero seguir enfocándome en la vida de mis sueños
o en lo que quiero crear.
No sé si vale la pena seguir inventando escenarios futuros,
quizá lo único que sea necesario
es encontrarme conmigo, justo en donde estoy
y no en donde quiero estar.

Mirarme, sostenerme, habitarme y conectar.

Quedarme, abrazando todo,
aceptando, confiando, creando en cada minuto,
con disposición absoluta,
permitiendo que circule lo posible,
convirtiéndome en presencia,
en amor incondicional.

Quizá no necesito tantas promesas,
ladrillos, vestidos o cafecitos para soñar,
tal vez
lo único que necesito es acompañarme en lo que duele o incomoda
quedarme un rato
ahí, donde me cuesta estar.

Tal vez lo que realmente me llama
no es lo que viene, sino lo que está,
con su tenue y amoroso recordatorio de que no,
[no necesito nada más.

Al final,
encontrarme conmigo en donde estoy me llevará
[inevitablemente
adonde quiero y necesito estar.

No te busques en la que eras antes

No te busques en tus viejas relaciones,
ni en su día a día.
No te busques en otro cuerpo,
el de antes,
el que tenías.

No te busques en la espera de un sueño,
ese que tu ego te dijo que querías.

No te busques en el trauma,
en la memoria
en el antiguo relato
en lo que cansadamente permitías.

Ya no te busques en lo fabricado,
en el mundo,
en los viejos retratos,
en los fantasmas y su aparente cercanía.

Mejor,
búscate en el desprendimiento
en la gloria de lo roto,
búscate en el naufragio de lo insondable,
en el amor sostenido.

Búscate en tu creatividad y misterio
en tu caminar mientras caminas,
en el vacío que permite,
en la distancia entre el cielo y tú.

Ya no eres la que fuiste,
ni la que serás
eres el pasaje constante a una nueva dimensión.

Mantra:

«Soy el movimiento constante hacia mi verdad».

La naturaleza no se disculpa

La naturaleza no sabe
de aciertos ni errores,
no distingue entre lo bello y lo feo
no se mide ni se juzga,
no se compara,
ni carga con el peso de la inferioridad.

Todo en la naturaleza brilla, porque nada se enfrenta con
[lo que es.

¿Cuándo recordaremos por fin que también
s o m o s
naturaleza tú y yo?

–Recordar que somos naturaleza es dejar de pedir permiso para brillar.

Agradecer nos hace dignos de recibir

Encontrar la gracia en la quietud del tiempo de espera,
en la distancia hacia la meta,
en la calma y sosiego,
cuidar el espacio entre lo que viene y se va.

Ver belleza en el engranaje cotidiano,
en la vigilia silenciosa,
reconociéndonos parte de este ciclo infinito,
estirando la mano a lo que está por llegar.

Desencantarnos del destino,
para reencontrarnos con el camino,
agradeciendo todo lo que se presenta,
honrando también todo lo que no está.

Todo lo que está destinado a ser luz tarde o temprano
brillará.

–Agradecer nos hace dignos de recibir.

Ritual:

Cultivar la gratitud

Toma un frasco y colócalo en un lugar especial de tu hogar. Cada día, escribe en un papel tres cosas por las que estás agradecida, incluso las más pequeñas, como un rayo de sol o una palabra amable. Coloca esos papeles en el frasco mientras repites: *«Agradezco todo lo que la vida me da y todo lo que está en camino»*. Observa cómo, con el tiempo, el frasco se llena, simbolizando la abundancia que la gratitud atrae a tu vida.

Aquellos que no se aman no saben quiénes son

En el silencio sostenido,
reconociendo lo que habita dentro,
cruzando las murallas del ego,
y rompiendo el cascarón
es como, por fin,
abrimos el corazón.

Aquellos que no se aman
tal vez no se han abierto lo suficiente,
no se han roto lo necesario
para descubrir quiénes son.

Aquellos que no se aman
solo han olvidado
que llevan dentro
un pedacito de Dios.

Toda luz nace del coraje de una llama

No importa cuán pequeña parezca mi idea,
ni lo absurda que suene mi forma de entender.
No me interesa si nadie me mira o aplaude,
solo estoy aquí,
cuidando mi manera particular de arder.

Sigo velando mi llama,
en esa silenciosa intuición guiada,
de la mano del azar,
mostrándome lo que la divinidad
me quiere hacer ver.

Mientras encuentre el modo de cuidar mi *llama*,
la luz, tarde o temprano,
se va a encender.

Mirar es crear

Cuando miras con gratitud, lo cotidiano se transforma
[en plenitud.
Cuando miras con fe, el vacío se transforma en posibilidad.
Cuando miras con valentía, el miedo se transforma en
[impulso.
Cuando miras con asombro, lo simple se transforma en
[extraordinario.
Cuando miras con aceptación, el rechazo se transforma
[en amor.
Cuando miras con creatividad, el problema se transforma
[en oportunidad.
Cuando miras con determinación, el límite se transforma
[en redirección.
Cuando miras con empatía, lo ajeno se transforma en
[familiar.
cuando miras con poesía, tu vida se transforma en una obra
[de arte.

Porque cuando cambiamos nuestra manera de ver las cosas,
las cosas cambian.
Porque la mirada no solo observa, *crea;*
y en cada creación estamos invitados a transformarnos.

Ejercicio:
Elige tu mirada

Toma una situación que hoy te genere malestar, incomodidad o bloqueo. Escríbela en una hoja de papel tal como la percibes ahora. Luego, elige una nueva mirada: gratitud, fe, valentía, creatividad, aceptación... y vuelve a escribir la misma situación desde esa perspectiva. Pregúntate: *«¿Cómo cambia la experiencia cuando cambio la manera de verla?»* Cierra el ejercicio con la afirmación: *«Mi mirada transforma mi realidad»*.

Hacer una pausa para encontrarme con la emoción

Tú y yo
estamos desencontradas.
Yo corro por los laberintos de la mente
mientras tú reposas en mi interior.

Huir de ti solo multiplica
el caos y la confusión.
Detenerme, llamarte al encuentro,
es la única opción.

Hacer un alto,
hacer silencio,
es invitarte a la conversación.

Y te escucho,
con atención y reverencia.

Siempre traes algún mensaje,
un susurro de autocuidado,
un recordatorio de amor.

El verdadero encuentro

Quizá si dejara de hablarme
lanzando en cada palabra un castigo,
quizá si pudiera suavizarme,
otros también se suavizarían conmigo.

Tal vez si entendiera
que afuera no hay nada,
se me quitarían las ganas
de culparte por lo que soy.

Quizá *entonces* llegaría el verdadero encuentro
cuando pueda soltar ese secreto anhelo
de encontrarlo todo en el exterior.

Tal vez la búsqueda termine
cuando descubra, al fin,
que todo lo que añoraba
ya habitaba en mi interior.

Talentos

En un recóndito silencio se esconden mis talentos,
¿qué pasaría si, de repente, los dejo salir a jugar?

¿Qué sucedería si ilumino mi mirada,
si despliego mis alas,
si me atrevo a manifestar?

¿En qué invertiría mis dramas
si ya no ocupan la cama,
en qué perdería el tiempo si me dejo de quejar?

¿Qué pasaría si dejo de compararme con otros
y simplemente empiezo a dar?

¿Qué sucedería si tomo mi lugar en el mundo,
si dejo de esconder mis talentos,
y, de repente,
los empiezo a regalar?

¿Qué es un don?

El regalo
que te han
encomendado
ofrecer al mundo.

Aprovecha

Aprovecha
esa incertidumbre
para confiar.

Aprovecha
ese vacío
para crear.

Aprovecha
ese límite
para descansar.

Aprovecha
esa espera
para sembrar.

Aprovecha
esa pausa
para respirar.

Aprovecha
ese caída
para aprender a volar.

Aprovecha
esas lágrimas
para sanar.

Aprovecha
esa oscuridad
para brillar.

Aprovecha
ese dolor
para despertar.

No pierdas el tiempo, aprovecha cada momento
que la vida es un corto sueño
con el único fin
de que aprendas a amar.

La vida es un ratito

Sacúdete el polvo
camina un rato,
la vida pasa
mientras refuerzas
ese viejo relato.

Comparte tus dones,
sonríe sin prisa,
que la vida se apaga
mientras renuncias
a esa caricia.

Suelta carcajadas
y desata nudos,
que la vida te regala
t a n t o s
corazones desnudos.

Cierra los ojos,
respira el presente,
porque la vida es este instante
en el que tus sueños
y tú
se miran de frente.

Confío en la llama que habita en mí; es mi guía hacia la luz

Aunque a veces sienta
que se desintegra mi centro,
que me pierdo en algún cuento,
o que todas las luces
se apagaron en el camino que elegí.
Aunque a veces parezca
que nadie habla,
que nadie escucha,
y la soledad se disfraza de lucha
y resistencia sin fin...
Hay una pequeña llama
que sigue viva en mí:
intacta,
liviana,
guiándome
hacia lo que siempre fui.

Cuando todo se siente cuesta arriba,
cuando pierdo las ganas,
confío en esa llama:
guía inmutable
de la *luz*
destinada a brillar en mí.

Mantra:

«Honro mi llama, aunque aún no se sienta luz».

Aún sigo descubriendo quién soy

El ruido me desborda, tantas voces, tanto tiempo perdido.
Ya no busco consejos ni palabras sabias,
el silencio también es amor.

Cambio constantemente,
y aunque a veces me duela el desencuentro,
confío en mi evolución.

Las preguntas y los caminos cambiaron,
ya no estoy donde estaba,
pero me entrego a estar aquí,
en este momento.

Las cosas se mueven rápido,
pero abrazo mi ritmo lento
recordando que aún,
sigo descubriendo quién soy.

Sin tus heridas, dónde estaría tu poder

Mis heridas, trasmutadas,
se han convertido en mi capa y espada.
Mis heridas, cicatrizadas,
son las alas que me llevan a mis deseos,
a crear futuras andanzas.

Mis heridas, vistas y honradas,
me recuerdan suavemente lo que viví
contándome que soy posible
que aún hay esperanza.

Mis heridas,
cuando finalmente pude abrazarlas,
hicieron de mi cuerpo
un sabio mapa de batallas y conquistas,
algunas perdidas,
otras ganadas.

Mis heridas,
surcos que me conducen hacia la potencia,
a la liberación del juicio,
al encuentro con mágicas palabras.

Mis heridas: cicatrices transformadas en el don que vino a entregar mi alma.

Ejercicio:

Cartografía de mis cicatrices

Toma una hoja en blanco y dibuja una silueta sencilla de tu cuerpo. Marca, de manera simbólica, las zonas donde sientas que tus heridas emocionales han dejado su huella (puedes usar colores, símbolos o palabras). Junto a cada marca, escribe lo que esa herida te enseñó o cómo te transformó. Al finalizar, observa el mapa de tu cuerpo como un registro de crecimiento y poder. Di en voz alta: «*Cada herida me hizo más fuerte; soy la alquimista de mi historia*».

Valorar el entorno y no la lejanía

Valorar el piso que me sostiene,
el cielo que me mira,
tu abrazo cada mañana,
el libro que me inspira.

Valorar el cafecito a la vuelta de la esquina,
el sol que cae suave sobre mi cocina.
Agradecer lo que está aquí y me abraza
lo que me envuelve día tras día.

Valorar el aquí y el ahora,
sin perderme en ilusiones ni fantasías.

Amar profundamente el entorno y no la lejanía.

Tenme paciencia, estoy aprendiendo

Tenme paciencia, estoy aprendiendo
a suavizar mis palabras,
a no creerles a mis miedos,
a sostenerme la mirada,
a comprender mis enredos.

Tenme paciencia, estoy aprendiendo
a escucharme en silencio,
a reconocerme en todo,
a ver belleza en la falla,
a mostrarme frente al espejo.

Tenme paciencia, estoy aprendiendo
a soltar las partes de mí que ya murieron,
a cuestionar mis certezas,
a disolver mi coraza,
a celebrar el paso del tiempo.

Tenme paciencia, estoy aprendiendo
a perdonarme y a perdonar,
a esperarme y a esperar,
a caminar con calma el sendero,
porque al final,
aprender es aprender a transitar.

Ritual:

El hilo de la paciencia

Toma un hilo o un cordón, y mientras lo sostienes, imagina que representa tu proceso de aprendizaje y los pasos que aún estás dando. Con cada nudo que hagas en el hilo, repite una frase como: «Me permito aprender a mi ritmo» o «Soy paciente conmigo y con los demás». Observa cómo el hilo, con sus nudos, simboliza que el aprendizaje no es lineal, pero siempre tiene propósito. Guárdalo en un lugar visible como recordatorio de tu proceso continuo.

El secreto para que un deseo se cumpla es sostenerlo con suavidad

Por dentro el anhelo,
por fuera la expectativa.
Entre ambos,
la espera,
sostenida por esa curiosidad llamada
tiempo.

Diluir el deseo en la posibilidad,
aprender a sostenerlo con suavidad,
que aquello que acorralamos
no respira,
que aquello que atosigamos *se nos va.*

La necesidad de ganar te vacía de poder

Ser la primera,
la más hermosa,
la más brillante,
la más inteligente.

Ser original, única, diferente,
ganar a costa de la gente,
construir muros, destruir puentes,
crear más distancia que unidad.

Ganar
como si hubiera una línea de llegada,
como si el aplauso nos elevara,
como si realmente existiera un rival.

La necesidad de ganar
te encadena al ego,
te aprisiona a su hambre insaciable
erosionando,
poco a poco,
todo tu potencial.

En la lucha siempre pierdes, todos *merecemos brillar.*

El ego compite,
el alma celebra.

No hay rival, solo

un mundo esperando tu luz.

Nuestro miedo al futuro proviene de la creencia de que el pasado se repetirá de alguna manera dolorosa

Traigo un eclipse en el ojo,
una puerta sin cerrojo,
y el daño de los años
que no se quieren marchar.

¿Cómo poder ver lo que hay en el presente
cuando solo veo pasado,
temiendo que un viejo dolor
se vuelva a gestar?

¿Cómo liberarme del eco del drama,
de los astros y su karma
de su oscura posibilidad?

Tengo un futuro que no llega,
entorpecido por mi severidad.
Tengo un futuro que no existe,
velado por un pasado que ya no está.

Traigo un eclipse en el ojo,
mil puertas sin cerrojo,
y un futuro que no se anima a entrar.

Necesito hacer un alto
liberar mi visión de pasado
y volver a mirar.

La verdadera transformación está en la entrega constante

Despertar hoy
con la certeza de que aquella que fui ayer
ya no existe,
ya se disolvió.

Despertar con la confianza
en que la vida danza,
y que la meta es ir aprendiendo a bailar cada día
una nueva canción.

Despertar dispuesta
a la regeneración constante,
sabiendo que solo en la entrega
se abren los caminos de transformación.

La de ayer ya no existe,
y cada mañana me pregunto:
¿Quién nacerá hoy?

Quítate de en medio, deja que eso fluya a través de ti

¿Has pensado que, a veces,
el mejor camino para llegar
es dejar de caminar?

Hay caminos que solo necesitan espacio,
espacios que abren nuevos caminos,
paisajes que solo descubres cuando te pierdes,
verdades que llegan cuando te vas.

Dejar de hacer,
con la confianza de que no eres la única que está
[haciendo,
tanto sucede más allá de ti.

Por eso,
a veces solo hay que dar permiso
a que la existencia siga su curso
y dejar que la vida fluya,
siempre
a través de ti.

Ritual:

La danza del soltar

Pon música instrumental o rítmica y, en un espacio libre, comienza a moverte sin estructura, sin pasos definidos, dejando que tu cuerpo se exprese sin control. No guíes el movimiento, deja que fluya como si fueras un río en movimiento. Siente la energía recorriéndote, como si la vida estuviera fluyendo a través de ti sin resistencia. Al finalizar, coloca las manos en el corazón y di: «Me permito ser un canal, dejo que la vida fluya sin esfuerzo».

El desafío de ser

La vulnerabilidad
desafía la coraza.
La autenticidad
desafía la máscara.
La creatividad
desafía el hábito.
La gratitud desafía
la insatisfacción.
La risa desafía las
preocupaciones.
El amor desafía
el juicio.
El arcoíris desafía
la tormenta.
La curiosidad desafía
lo evidente.
La intuición
desafía la mente.

Porque donde termina uno,
el otro empieza
y en su contraste eterno,
la vida se expresa.

Permanecer en la pregunta

Permanecer
en la pregunta sin respuesta,
silenciar a la mente y su orquesta
quedarme un poco más
en el problema sin solución.

Desarmar el impulso que exige cambios
darle espacio al desgano
recordar que, a veces,
cuando creo que no hago nada,
estoy sembrando una revolución.

Dejar el drama en visto,
apagarle el micrófono, bajarle el telón,
ignorar los tránsitos planetarios,
dejarlos desprovistos
de mi mirada y atención.

Permanecer en la quietud,
(esa que tanto me angustia),
donde todo se nombra y se revela.
Aprender a escuchar también a la sombra,
que, con generosa cortesía,
me habla a través de la intuición.

Desmontar el deseo
de comprenderlo todo desde el ego
y elegir la guía y confianza
en algo más grande que el *yo*.

A veces
permanecer en la pregunta sin respuesta es la única
[manera de que llegue la solución.

?

¿

Habitar la pregunta
es **confiar** en mí.

La **revolución** comienza en la pausa.

De a poco

De a poco voy a enseñarme todo lo que en mi infancia no aprendí.

Si necesito ayuda, la voy a pedir.
Si necesito tiempo, lo voy a permitir.
Si mi cuerpo pide distancia, se lo voy a consentir.

De a poco
voy a ir aprendiendo cómo hacerme feliz.

Sé mil veces más paciente contigo misma

Acurrúcate en tu cama,
abrázate con ternura,
regálate un respiro.
Solo por hoy, suelta la carga de las exigencias.

Todo aquello que fuerzas,
se rompe o se lastima.

Cuida de ti como cuidas aquello que amas.

Ritual:
La caricia del alma

Antes de dormir, coloca las manos sobre el pecho y respira profundamente tres veces. Visualiza una luz cálida envolviéndote. Susurra palabras de amor para ti misma, como si hablaras a un ser querido: «*Estoy aquí para ti. Te abrazo. Descansa*». Luego, simplemente relájate, y permite que tu cuerpo y tu mente se entreguen al descanso.

A mi yo del futuro

Estoy escribiéndole a mi yo del futuro,
no para pedirle ni exigirle nada,
tampoco para reclamarle una versión de mi idealizada
que no existe hoy.

Estoy escribiéndole para decirle que estoy con ella
en cada paso, que lo que me pida
le doy.

Desde mi mirada de hoy,
limitada, fragmentada
no entiendo completamente hacia dónde voy,
pero me dejo guiar,
paso a paso, y en calma
descubro que ella no tiene prisa, *la impaciente soy yo.*

Entonces le escribo a mi yo del futuro
que me mira con paciencia y compasión
porque entiende el camino que hay entre ella y yo.

Y le pido que me espere,
porque pese a mis deseos y ganas de conocerla,
aún tengo que dedicar mi tiempo
a transitar
y habitar
quien soy yo.

Creo

Creo
en el telar invisible
en lo que tus ojos callan.
Creo en las conversaciones que abre el viento
y en la estela secreta de las hadas.

Creo
en lo que escapa a mi entendimiento
en los túneles secretos,
en los portales que abren sueños,
y en que las constelaciones nos hablan.

Creo
que los milagros son posibles,
que con la muerte nada se acaba,
creo que lo que llamamos vida
es tan solo un paréntesis en el vasto libro del alma.

Creo
en los hechizos de mis palabras,
en su poder restaurador y sagrado.
Creo
que el agua nos sana y limpia las heridas que quedaron
estancadas.

Creo en ti
cada vez que se asoma tu espíritu.
Creo en mi
cada vez que me quito la máscara.

Tengo fe
en que el desorden que veo y siento
no es más que el orden secreto que pidió mi alma.

LUZ

Ser * Expansión * Totalidad * Potencia

¿Qué crees que sucedería si te despojaras de tus miedos, si te atrevieras a transitar tu oscuridad, a abrazar tu sombra y dejaras las etiquetas atrás? ¿Qué pasaría si te animaras a regalar tus talentos, a entregarte a la vida, a confiar en ti misma, a liberar lo que apaga tu esencia y vitalidad?

Sucedería lo inevitable: te encontrarías con aquella luz que, antes oculta, es tu estado natural.

La luz que has venido a compartir.

La luz que has venido a brillar.

La luz siempre se abre camino

Aunque la noche se alargue
y parezca que la oscuridad ha vencido
la luz siempre encuentra cómo abrirse camino.

Encuentra grietas y heridas,
abrazos y caricias,
perdones y lágrimas
que reconstruyen y dan sentido.

No,
no necesita puertas abiertas,
ni certezas, ni testigos.

La luz no se rinde:
siempre,
siempre,
siempre,
de algún modo,
se abre camino.

La luz
no espera

el momento
perfecto,
lo crea.

Medir los logros en...

Medir los logros en...
caminos recorridos,
sabiduría ganada,
calidad de los amigos,
heridas honradas.

Medir los logros en...

momentos de presencia,
conversaciones entre almas,
gratitud por lo que existe,
compañía sana.

Medir los logros en...

abrazos recibidos,
conflictos disueltos,
la capacidad de gozar lo simple,
instantes de calma.

Medir los logros en...

flexibilidad ante el cambio,
el regreso a la inocencia y la confianza,
la calidad de los pensamientos,
la sombra integrada.

Qué exitosa tu vida, sí al menos una vez al día,
[te maravillas con el simple regalo de vivir.

El coraje nos expande

Ponte de pie e invita al coraje a tu camino,
que su presencia te atraviese,
que su fuerza te sostenga y guíe.

Que cada paso que des
te acompañe en tu camino,
que te recuerde que nada está predestinado,
que nada está escrito.

Invita al coraje, hazlo tu amigo,
no existen malas decisiones,
solo senderos sin valor ni espíritu.

Aun cuando la vida te arrastre
a tiempos de desafío,
hospeda al coraje,
hazle espacio, prepárale un nido.

Que el coraje camine siempre de la mano contigo:
prueba fehaciente de que valió la pena,
testimonio irreversible de que has vivido.

Al servicio del amor

Cuando la agenda del ego
se pone al servicio del espíritu,
el camino se ensancha
y se instala la calma.

Aunque no seas vista ni aplaudida
se enciende en ti tu verdadero don:
tu vocación divina.

Entonces,
sin excusas,
nuestros múltiples *yoes* se disuelven,
todas las polaridades se callan,
y se inclinan con fe y reverencia
ante la voz del alma.

Ponerte al servicio del espíritu es la forma más silenciosa y más radical de transformar tu vida.

Soy el universo

Soy una gota y el océano,
un fragmento y la totalidad.
Soy lo transitorio y lo eterno,
la calma y el temporal.
Soy una estrella y el universo,
la danza entre la luz y la oscuridad.

Soy vasta y suficiente,
y también el minúsculo instante
que ya no está.

Al final, he observado que cuanto menos intento definirme en el espacio, más me reconozco en la totalidad.

Ritual:
La expansión del ser

Siéntate en un espacio sereno y cierra los ojos. Respira profundo y visualiza cómo tu cuerpo se disuelve poco a poco, expandiéndose como luz en todas direcciones. Siente que te vuelves parte del cielo, de la tierra, del aire y del agua. Cuando estés lista, repite en voz baja: «*Soy todo y soy nada, soy el universo en expansión*». Quédate en esa sensación el tiempo que desees antes de regresar a tu cuerpo y abrir los ojos.

Gracias

Si mañana se extinguieran todas las palabras
y tuviera que elegir una para guardar
me quedaría con la palabra «*gracias*».

Entonces,
si solamente pudiera decir «*gracias*»,
viviría inclinándome ante el misterio
más allá de lo que juzgo como bien o mal.
Estaría en un estado de gracia,
creando únicamente posibilidad.

Si mañana el mundo se quedara sin palabras
y tuviera que elegir qué palabra preservar,
sin duda
me quedaría con la palabra «*gracias*»
la que envuelve y ennoblece a todas las demás.

Caminos nuevos

Déjame encenderme,
de adentro hacia afuera,
encontrarme con la verdad
que hace siglos se refugia en mí.

Déjame conectar con mi misión verdadera,
darle rienda suelta a lo que siempre fui.
Darle el poder a lo certero
aquello que late sin prisa... *pero sin fin.*

Déjame encenderme y
que mi propia luz me guíe,
abrir nuevos caminos
conectar con esa parte sagrada que habita en mí.

Hoy voy a permitirle a la luz ocupar su espacio
y que vaya abriendo a su paso
los caminos correctos,
los perfectos...
los que son para mí.

Encender mi luz es recordarme quién soy en esencia.

Cuando dejo que
mi luz tome espacio,
la vida se ordena sola.

Todo es sagrado y me está hablando

Todo es sagrado y me habla.
Todo lo que veo está en diálogo conmigo.

Cada encuentro me revela,
cada rincón es un fragmento
de mi inconsciente liberado.

Todo lo que veo me nombra,
y su voz me recuerda
que todo lo que observo también me está mirando.

Como decida observar, será lo observado.
Como decida mirar, seré mirada.

Honro tu valentía

Honro tu valentía,
al desandar caminos y romper paradigmas,
incluso cuando te sentiste perdida.

Admiro tu fortaleza,
al adentrarte en el silencio
aun
cuando todo te aturdía.

Admiro la resiliencia
con la que aprendiste a mirarlo todo,
siempre agradecida.

Admiro tu confianza para seguir creyendo,
para seguir sanando viejas heridas.

Honro tu valentía,
y cómo, desde las cenizas, renaciste en una nueva vida.

¿Qué más podría pedirle a la vida?
hoy tengo el honor de poder verte florecida.

–De mí para mí.

Ejercicio:
La carta a mi yo valiente

Escribe una carta a tu yo del pasado, reconociendo su esfuerzo, su valentía y todo lo que atravesó para llegar a este presente. Léela en voz alta y, al terminar, dobla el papel y colócalo cerca de un objeto especial para ti. Cada vez que dudes de tu fuerza, vuelve a leerla y recuerda: «*Honro mi valentía, porque todo lo que soy es el fruto de todo lo que fui*».

Ojalá hoy yo sea una persona despierta

Ojalá hoy sea plenamente una persona despierta.
Ojalá hoy no se me olvide
quedarme en la eterna pausa del presente,
para encontrarte limpio, de frente,
sin los relatos de lo que ya venció.

Ojalá no se cuele el miedo ni su ilusorio poder,
para entorpecer este momento
contándome historias delirantes
de lo que aún no ha ocurrido.

Ojalá hoy recuerde que soy una persona despierta,
que el amor puede ser mi única experiencia,
si elijo conectar con lo que realmente soy.

Valiosa

¿Qué me hace valiosa?

Durante un tiempo pensé que era mi cuerpo.

Entonces me dediqué a adornarlo como un premio,
haciendo grandes esfuerzos por ajustarlo al molde de
[belleza actual.

Después creí que mi valor residía en mi mente,
y decidí enriquecerla con múltiples fuentes, pensando que
mientras más sabía, más rápido alcanzaría la gran verdad.

Llegué a pensar que mi valor estaba en mis éxitos,
en tener, lograr, conquistar.

Hasta que descubrí que nada de lo que haga,
piense o diga puede definir mi valor personal.

Mi valor está en existir.
Existir y nada más.

Brilla

Brilla.
Sé valiente,
sé visible,
sé cuestionable,
sé debatible.

Brilla.
Y que ardan en ti las preguntas
que el cambio efervescente te atraviese,
que el movimiento hacia tu realización sea imparable,
que la caída libre te lleve a la entrega
a ese anhelo profundo del corazón.

Brilla.
Porque tu luz no te pertenece.
Brilla,
y que tu luz sea una donación.

Brilla.
En beneficio de todos.
En nombre del amor.

Ritual:

El compromiso con la luz

Frente a un espejo, mírate a los ojos y di en voz alta: «*Hoy me permito brillar*». Luego, enciende una vela y visualiza cómo su luz representa tu propia expansión. Lleva ese brillo contigo durante el día, recordando que cada acción puede ser una donación de luz.

Desaprender para recordar

Nunca fuiste la *herida*,
siempre fuiste la fortaleza que se escondía debajo.
Nunca fuiste el *error*,
siempre fuiste la oportunidad de aprendizaje.
Nunca fuiste el *miedo*,
siempre fuiste el amor esperando ser descubierto.
Nunca fuiste el *caos*,
siempre fuiste un orden secreto.
Nunca fuiste la *duda*,
siempre fuiste la verdad abriéndose caminos.
Nunca fuiste el *vacío*,
siempre fuiste el espacio para algo nuevo.
Nunca fuiste el *fracaso*,
siempre fuiste el intento valiente.
Nunca fuiste el *dolor*,
siempre fuiste el maestro silencioso del despertar.
Nunca fuiste la *exigencia*,
siempre fuiste la promesa de tu propia suficiencia.
Nunca fuiste la *carencia*,
siempre fuiste la abundancia lista para brotar.
Nunca fuiste la *oscuridad*, ni el eco de tus *sombras*,
siempre fuiste **luz** nacida para brillar.

Todos somos un pedacito de Dios

No llegará el canto del alma
mientras siga viendo separación.
No podré verte en tu totalidad
mientras me siga creyendo superior.
Mientras siga hechizada por los caminos del ego,
no terminará el conflicto
ni lograré reconocer quién soy.

No llegaremos al fin de este cuento
hasta que no entendamos
que todos somos un pedacito de Dios.

Mantra:

«Cuando me reconozco en ti, el ego desaparece.
Cuando veo la luz en ti, despierto mi luz.
La separación es espejismo; la verdad es unidad».

Algún día vas a extrañar este momento

Ser felices,
conscientes de que este regalo,
este instante que se despliega,
algún día pasará.

Y vendrán otros,
estoy segura,
pero estos,
los de hoy,
ya no estarán.

Por eso, la invitación es a ser felices,
sin ensayar la tragedia
ni darle cobijo a la queja,
sino ser plenamente felices con lo que hay.

Ser felices,
deleitándonos con el milagro de lo frecuente,
de lo simple,
con la gracia de esa sonrisa que mañana recordarás.

Ser felices,
dándonos cuenta de que todas las preocupaciones
que suelen rondar nuestra mente
hoy están y mañana no estarán.

Ser felices
aunque parezca que sobran razones para no estarlo,
aunque parezca que la vida solo te quiere confrontar,

eso que hoy te irrita o te molesta
mañana lo podrías añorar.

Date cuenta de cuánto tienes,
la inmensidad suficiente de lo que eres,
date cuenta de que cada encuentro es una ofrenda,
y goza,
goza mucho,
pues cada uno de estos obsequios
inevitablemente
se irá.

Despertar es un viaje solitario que no podemos hacer solos

Tuve un sueño en el que aparecías,
yo rompía un poco tus ilusiones,
tú rompías un poco las mías,
y en ese movimiento,
algo en los dos se disolvía.

Soñé
que mientras partes de mí agonizaban,
otras florecían;
que mientras la muerte me olvidaba,
una nueva vida resplandecía.

Tuve una pesadilla
con sombras, calacas y tinieblas,
con una nebulosidad que parecía eterna,
con un dolor que pesaba por dos.

También soñé que te tenía enfrente,
y nos reconocíamos
como candeleros de una eterna vigilia,
guardianes de una infinita compasión.

Ayer descubrí, en sueños,
que no existen los enemigos,
solo los espejos y testigos
de lo que aún añora ser amado en mi interior.

Me encontré con que miles de rostros me acompañaban,
algunos en dicha y calma,
otros oscurecían mi camino para que pueda iluminarlo,
y a muchos otros, se los oscurecía yo.

Despertar es un viaje solitario que no podemos hacer solos,
la única manera posible de hacerlo es que despertemos
[los dos.

Soy un espíritu de amor

Cuántos muros he levantado para ocultar lo que soy,
cuántos trajes me han envuelto en ilusiones,
cuántas máscaras he usado para definir lo indefinible,
cuántos títulos pretenden nombrar lo que soy.

Cuántas narrativas construí sobre mí misma
tratando de descifrarme,
cuántas voces ajenas han ocultado mi voz.

Y ahora descubro que el camino era a la inversa:

mientras más me desarmo,
mientras más me desnudo,
mejor puedo verme.

Soy un espíritu de amor.

Ritual:
El despojo sagrado

Busca varias prendas o accesorios que representen identidades que has asumido con el tiempo (pueden ser ropa, lentes, anillos, cualquier elemento simbólico). Póntelos y mírate en el espejo. Luego, uno por uno, quítalos lentamente diciendo en voz baja: «*No soy esto*». Cuando termines, cierra los ojos y susurra: «*Soy un espíritu de amor*». Permanece unos momentos sintiendo la verdad de estas palabras en tu corazón.

Me costó, pero volví

Me costó, pero volví,
volví a confiar en la vida,
a mostrar los colores de mis heridas,
a creer en mí.

Me costó, pero volví,
volví a enamorarme,
a reconocerme en la ternura,
a hacer planes,
a sonreír.

Me costó, pero volví,
a soñar despierta,
a abrirte la puerta,
a saborear la alegría,
a entregarme al placer de compartir.

Después de sentarme a conversar con mi sombra,
de enfrentar lo que no se nombra,
de ir más allá del miedo,
me costó,
pero entendí.

Entendí que mientras la vida sea un sueño,
puedo elegir cómo vivir.
Que todo pasa y todo llega,
todo termina, *y a la vez, vive eternamente en mí.*
Todo lo que me sucede es mío,
todo lo que me sucede, *de algún modo, lo elegí.*

Un propósito mayor

No pierdas el tiempo
encandilando, cegando
o intentando que tu *pequeño yo* sea dueño
de lo que en realidad
el todo anhela manifestar.

No pierdas el tiempo creyendo
que el camino es aislado,
que el designio que te ha sido dado
le pertenece únicamente a tu ego personal.

Cuando te animes a disolverte más allá
del bien
y del mal,
recordarás que eres luz
y, naturalmente,
brillarás.

Al final, todos llegamos al mar

Entonces, el camino se despeja,
se abre claro y se hace inevitable,
como las luces del día.

Ya no apresura en vano su crecimiento,
se reconoce a sí mismo,
de esquina en esquina.

Entonces, el camino se vuelve útil,
cuando descubre que de nada sirve ser luz
si esa luz no alumbra el camino de los demás.
Comienza con el frágil resplandor de la luna nueva
y se entrega con confianza a lo que vendrá.

Entonces, el camino se convierte en río,
con sus altos, bajos y desencuentros,
con las viejas huellas del daño y tormento,
pero aun así,
no deja de avanzar.

Entonces, el camino se vuelve obvio,
se reconoce como parte y totalidad,
descubriendo que al final,
todos llegamos al mar.

Ritual:

El viaje del agua

Llena un vaso con agua y sostenlo en tus manos. Observa su quietud y di en voz baja: «*Este soy yo, en calma y en movimiento*». Luego, vierte lentamente el agua en un cuenco más grande o en la tierra, diciendo: «*Fluyo sin miedo porque, al final, todos llegamos al mar*». Siente cómo todo en la vida sigue su curso, confiando en el destino final.

Eres luz incluso cuando no lo sabes

Algo que he aprendido
es que, aun en los momentos más sombríos,
una pequeña luz en mí
sigue abriéndose camino.

Algo que sé,
después de todo lo vivido,
es que, aunque no lo parezca,
ni el dolor más profundo
logra apagar lo que en mí fue bendecido.

Nunca dejamos de brillar,
ni siquiera cuando el alma
se siente tapada por completo por la sombra o el castigo.

Descubrir a Dios en todas las cosas

Hoy salí a la calle con la promesa
de encontrar a Dios en todo y todos.

Dios en la mirada alegre,
en el gesto amable,
en la podredumbre y suciedad.
Dios en cada esquina, en lo cotidiano,
Dios,
en ningún lugar especial.

Dios en la sombra que me acompaña,
en el dolor y oscuridad.
En la mirada que cuida,
en la que observa con empatía,
en la mano que entrega,
en el abrazo que se da.

Dios en los detalles
en la pausa que me tomo para respirar,
en la risa a carcajadas,
y en el llanto guardado que se quiere expresar.

Dios en lo ordinario,
en lo solitario,
en la presencia
y en el ritual.

Hoy salí a la calle con la promesa
de encontrar en todo y todos
esa luz que no se puede apagar.

Por momentos, creo haberlo logrado.
De a poco, estoy aprendiendo a mirar.

No hay
instante sin
divinidad.

Mi mirada

es el puente entre
lo visible y lo sagrado.

Cuando te muestras en tu luz, iluminas a otros

No sabía que podía encender mi propia vida
al ofrecer mi fuego a la vida de los demás.
No sabía que mientras más me ocultaba,
más alimentaba la oscuridad.

Que solo hacía falta poner mi *llama* al servicio
para que otras pudieran empezar a brillar.

No sabía que en mis manos habitaba
la puerta al hogar de lo infinito,
y que al dejarme guiar
los pasajes ocultos se dejaban revelar.

Quien se encuentra con su luz,
ya no camina solo:
camina encendiendo la luz en los demás.

Antes y ahora

Antes creía que brillar era mostrarse,
ahora sé que es *habitarse.*

Antes creía que el amor se gana,
ahora sé que se *permite.*

Antes creía que fortaleza era resistencia,
ahora sé que vive en la *vulnerabilidad.*

Antes creía que soltar era perder,
ahora sé que es *agradecer.*

Antes creía que éxito era lograrlo todo,
ahora sé que es *vivir en paz.*

Antes creía que rendirse era fracasar,
ahora sé que es *confiar.*

Antes creía que la felicidad era estar bien siempre,
ahora sé que es abrazar *cada instante como es.*

Antes creía que el dolor era el enemigo,
ahora sé que es *la puerta que me devuelve a mí.*

Antes creía que perder era vaciarse,
ahora sé que es *transformarse.*

Antes creía que gozar era olvidarme del mundo,
ahora sé que es estar *presente en él.*

Antes creía que la vida era avanzar, ahora sé que es
[**despertar.**

Animarnos a ser felices

No tenemos miedo a perder
lo que nos pueda doler,
ni a que el mundo se nos derrumbe
frente a nuestros ojos.
El verdadero temor está
en ser felices,
en animarnos a expresar la verdadera esencia de
[nuestro ser.

Nuestro temor no es el abandono,
ni el destrono de lo que creíamos tener.
El problema no está en lo que sobra ni lo que falta,
el problema es cuando la felicidad nos arrebata
y, por miedo,
la dejamos desaparecer.

Quizá
no necesitamos restaurar cada herida,
sino aprender a confiar más en los caminos de la vida,
atreviéndonos a ser felices,
diciéndole sí a lo que nos quiera traer.

Al final del día,
cada quien es la felicidad que sea capaz de aceptar y
[desenvolver.

La felicidad
no se busca,
se permite.

✓

Le digo sí a todo lo bueno que **la vida quiere darme.**

La vida siempre nos alcanza

La vida siempre nos alcanza,
sin pedir permiso,
golpea con su sorpresa,
nos empuja a ser vistos.

La vida siempre nos alcanza,
aun después del desgarro,
después de la tormenta,
de la muerte, del giro imprevisto.

La vida siempre nos descubre,
desenmascarando lo ilusorio,
sacudiendo lo gastado,
restaurando el equilibrio.

La vida siempre nos encuentra,
encendiendo sus luces,
devolviéndonos la fe,
acercando los abismos.

La vida siempre nos alcanza,
abriéndonos nuevos caminos,
envolviéndonos en regalos,
eternamente a nuestro servicio.

La vida siempre nos llama, solo hace falta decirle sí.

Ritual:
El umbral de la vida

Encuentra un espacio abierto en el que puedas caminar sin interrupciones. Traza un círculo en la tierra, en la arena o en un papel con gis. Párate fuera del círculo y respira profundamente. Cierra los ojos y visualiza todo lo que te detiene: *miedos, dudas, incertidumbre*. Luego, da un paso firme hacia dentro del círculo y di en voz alta: «*La vida siempre me alcanza. Hoy le digo sí*». Quédate dentro del círculo unos momentos, sintiendo cómo la vida te envuelve y te sostiene. Cuando estés lista, sal del círculo con una sonrisa, sabiendo que cada paso es parte del viaje.

Todo en la naturaleza brilla

El árbol no se pregunta
si quien respira su oxígeno lo merece.
No juzga si quien se refugia bajo su sombra es
[digno de ella.
El árbol simplemente es.

El sol no elige a quién ilumina.
No se detiene a pensar
si quien recibe su calor debe ser digno de él.
Simplemente brilla, sin reservas,
ofreciéndose a todos por igual.

Las estrellas no discriminan
a quien observa su luz.
No exigen admiración ni devoción.
Simplemente existen,
suspendidas en el cielo,
regalando su eterno resplandor.

Así nos enseña la naturaleza
el verdadero amor transformador:
un amor gratuito, sin condiciones,
sin medida, sin exigencias.

Amar es brillar sin condiciones.

Vas a volver a ti

Vas a volver a ti
cuando el mundo te canse,
cuando las falsas promesas del ego te desilusionen,
cuando te rompan el corazón
o se derrumben tus certezas.

Vas a volver a ti
cuando descubras que no era necesario
llegar ni tan alto ni tan lejos,
que lo bueno también existe en lo pequeño,
y que todo lo que ves es solo un reflejo
de lo que ya existe en tu interior.

Vas a volver a ti
Cuando te agotes del drama y te entregues por completo,
cuando recuerdes que los otros solo son espejos,
mostrándote los pedazos que reclaman tu atención.

Vas a volver a casa
cuando te pierdas tantas veces en el camino
que la confusión termine desintegrando
la falsa idea que tienes sobre el control.

Vas a volver a ti
(a lo que realmente eres)
cuando caigan todos los miedos,
cuando parezca que todo pierde sentido
y te encuentres,
por fin,
con tu verdadero ser de amor.

El camino
no es ir hacia
adelante,

sino hacia
adentro.

Brillar no es mostrarte, es encontrarte

Brillar no es gritar,
brillar es escuchar el susurro desde el alma.

Brillar no es reclamar,
brillar es ofrendar.

Brillar no es lucirte,
brillar es sentirte.

Brillar no es demostrar,
brillar es recordar.

Brillar no es conquistar miradas,
brillar es sostener la propia.

Brillar no es impresionar,
brillar es habitarte.

Brillar no es encender focos,
brillar es encenderse por dentro.

Brillar no es hacer,
brillar es ser.

Brillar no es esconder la herida,
brillar es permitir que hable.

Brillar no es compararte,
brillar es reconocerte.

Brillar no es tener respuestas,
brillar es abrazar las preguntas.

Brillar no es ser perfecta,
brillar es ser auténtica.

Brillar es reconocer que cada vez que te amas, brillas.

Soy

Soy el espacio entre pensamiento y pensamiento,
solo soy este momento,
lo que está siendo y desplegándose a ser.

Soy la distancia entre negras y corcheas,
la melodía que eligió mi espíritu,
aquella
que nunca podrá envejecer.

Soy el silencio entre las palabras
lo que no puede describirse,
ni entender.

Soy el instante antes de un abrazo
el preludio de un sorbo de café,
un paréntesis sostenido en el tiempo,
efímero y eterno a la vez.

Soy eso conocido
que cuando olvidas que lo conoces
lo llegas a conocer.

Mantra:

«Dejo que Dios brille a través de mí.
Soy el intervalo entre lo eterno y lo fugaz.
Soy la luz entre las sombras,
la música en el silencio».

Mereces brillar

Que no te ciegue la trampa del ego
que no te encandile su popularidad
que el color de la purpurina
no transforme en neblina
tu regalo,
tu esencia,
tu posibilidad.

Que encuentres la luz de tu espíritu,
la que realmente has venido a encender,
que sea tan fuerte y contagiosa
que ilumine toda oscuridad.

Que no te pierdas en los destellos,
en estrellas fugaces,
en las prisas, en algún falso altar.

Es tu don, tu destino y privilegio:
recordar siempre que has nacido para brillar.

Ritual:

Encender la luz propia

Busca un momento tranquilo y un espacio donde puedas estar en calma. Cierra el libro entre tus manos y llévalo a tu pecho, sintiendo todo el viaje que has transitado a través de sus páginas. Respira profundo y visualiza una chispa de luz en tu corazón. Con cada inhalación, esa luz crece, expandiéndose más allá de tu cuerpo, envolviéndote por completo.

Cuando sientas que esa luz ha alcanzado su máxima intensidad, susurra en voz baja:

«*No busco la luz afuera, porque la luz ya soy. Me libero de lo que oscurece mi esencia y me permito brillar sin miedo, sin límites, sin condiciones*».

Luego, abre los ojos y coloca el libro frente a ti. Obsérvalo con gratitud y, si lo deseas, escribe en la siguiente página una afirmación personal sobre lo que significa para ti brillar.

Para finalizar, sonríe y sigue adelante, con la certeza de que este cierre no es un final, sino el comienzo de una nueva forma de verte a ti misma: iluminada desde adentro. Mereces brillar... no porque hiciste el camino, sino porque nunca dejaste de ser luz.

Para mí, brillar es...